APPRENDRE À DESSINER
101
TOUT
NAIMA PRESS
I0845136

CE LIVRE APPARTIENT À

# 101 *Tout*

Guide sur la façon d'utiliser ce livre :

Pour tirer le meilleur parti de ce livre, suivez ces instructions :

1. Préparez du matériel tel qu'un stylo, du papier, des crayons de couleur ou d'autres outils de dessin appropriés. Le choix des matériaux varie d'une personne à l'autre.

2. Trouvez un endroit calme et bien éclairé qui favorise la concentration et la créativité. Assurez-vous que cela aide à la concentration et à l'imagination.

3. Acceptez l'importance d'un environnement calme et paisible pour une expérience de dessin optimale.

4. Incorporez votre imagination et libérez votre créativité tout au long du processus.

5. N'hésitez pas à améliorer les graphiques avec n'importe quel élément que vous jugez approprié.

6. Commencez par suivre attentivement les étapes et assurez-vous de dessiner chaque étape.

7. Une fois que vous avez terminé toutes les étapes, procédez à la coloration du dessin final.

8. Créez des noms qui vous parlent, ajoutant une couche supplémentaire de sens à vos créations.

Que le voyage artistique commence !

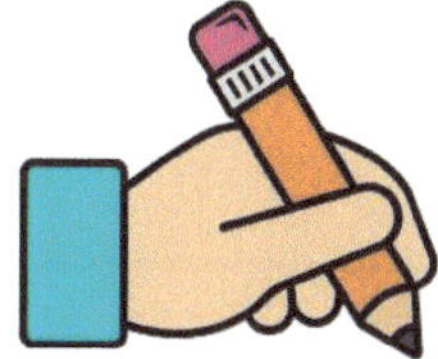

dessinons
Milk
dessinons
dessinons

dessinons

dessinons

dessinons

dessinons
dessinons
dessinons

dessinons
dessinons
dessinons

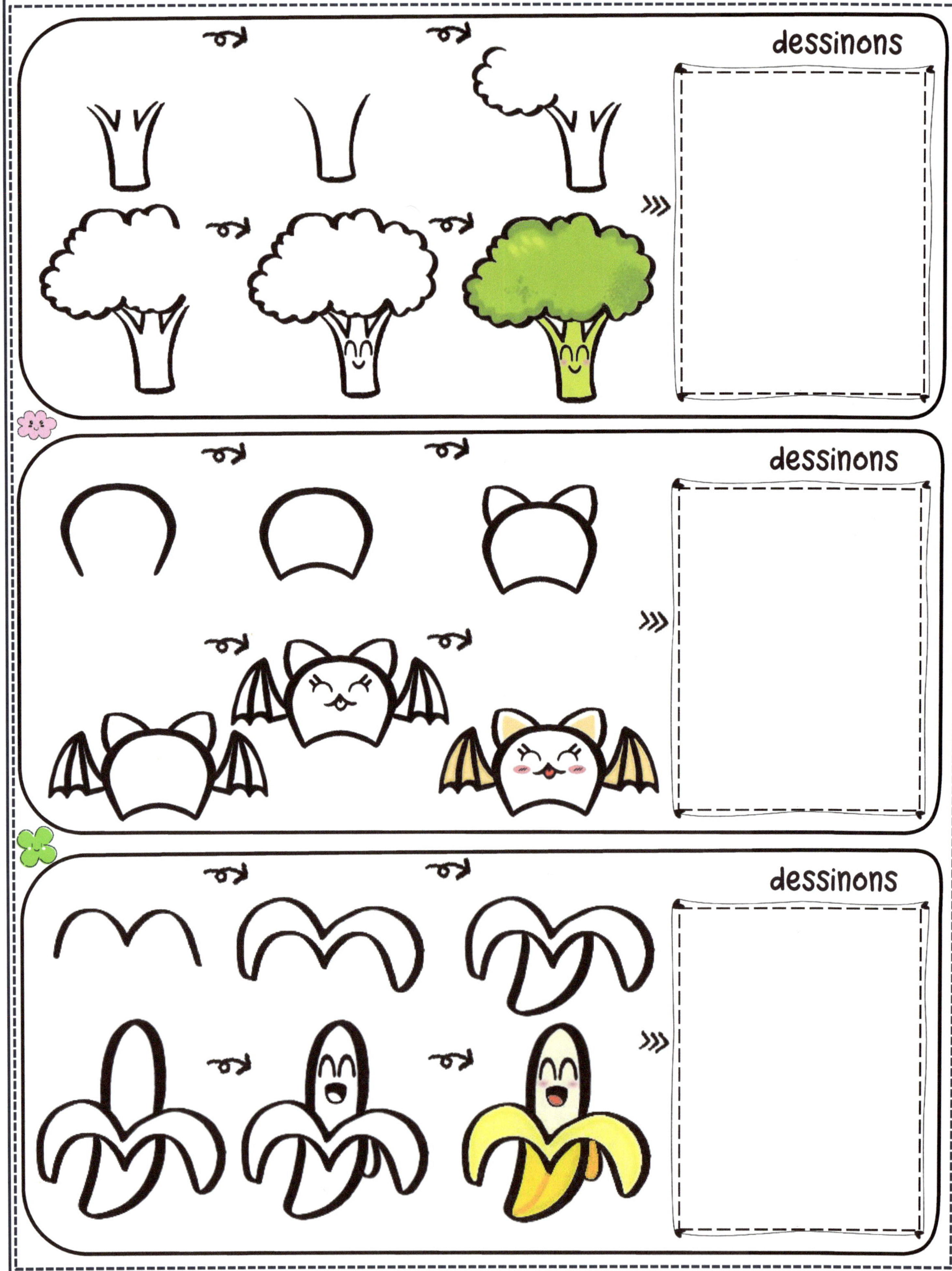


dessinons
dessinons
dessinons

dessinons
dessinons
dessinons

dessinons
dessinons
dessinons

dessinons
dessinons
dessinons

dessinons
dessinons
dessinons

dessinons
dessinons
dessinons

dessinons
dessinons
dessinons

dessinons
dessinons
dessinons

dessinons
dessinons
dessinons

dessinons
dessinons
dessinons

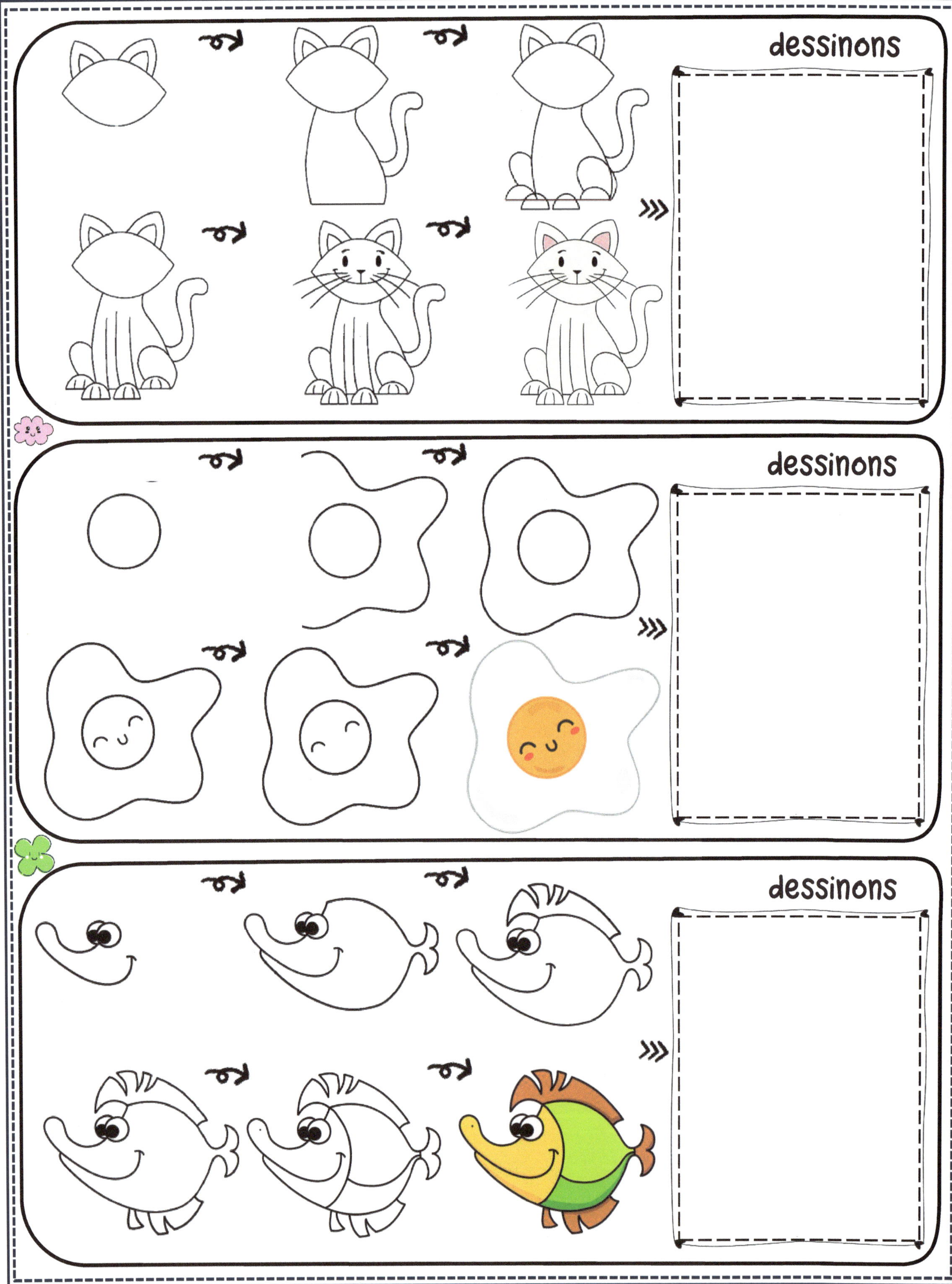

dessinons
dessinons
dessinons

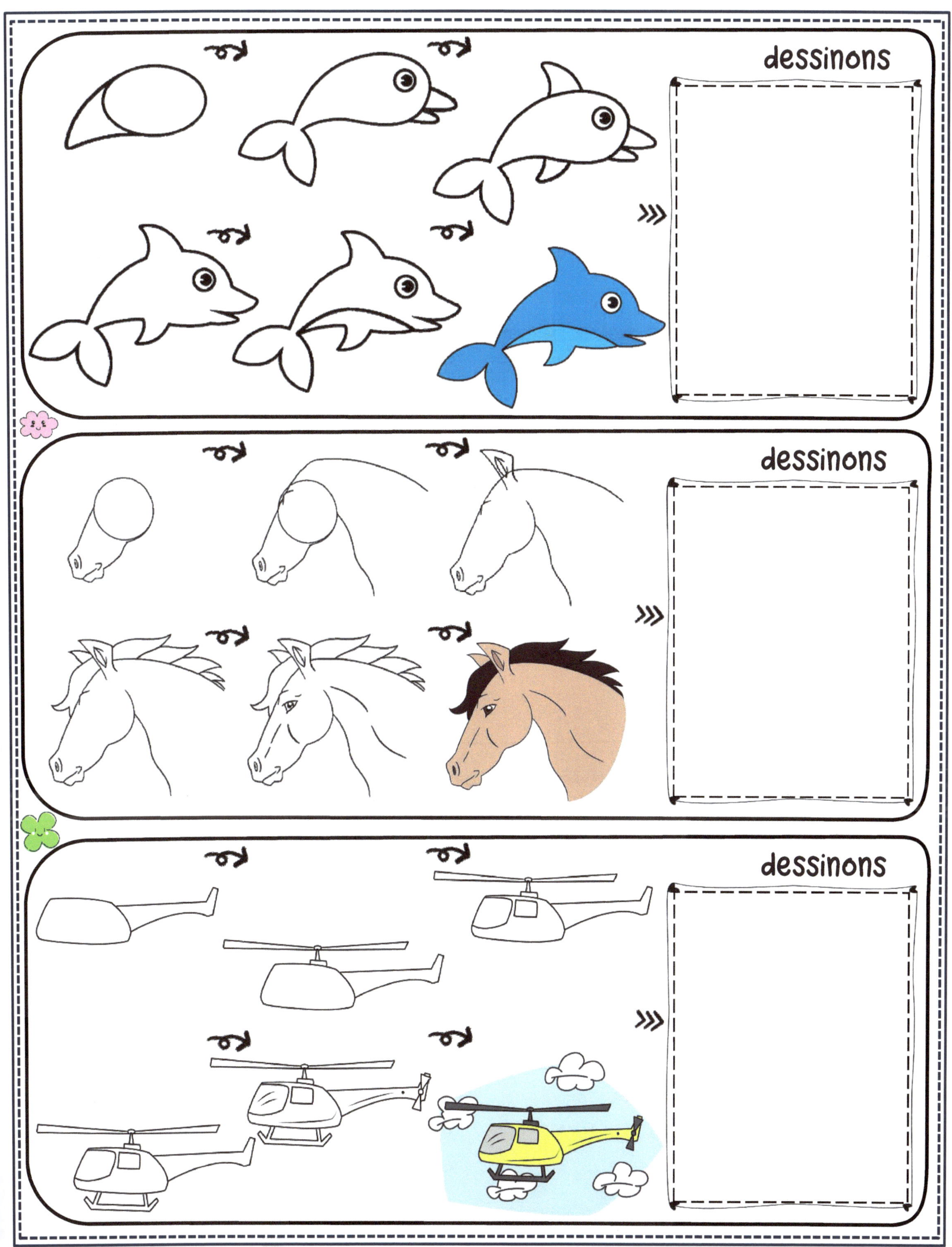

dessinons
dessinons
dessinons

dessinons
dessinons
dessinons

dessinons
dessinons
dessinons

dessinons
dessinons
dessinons

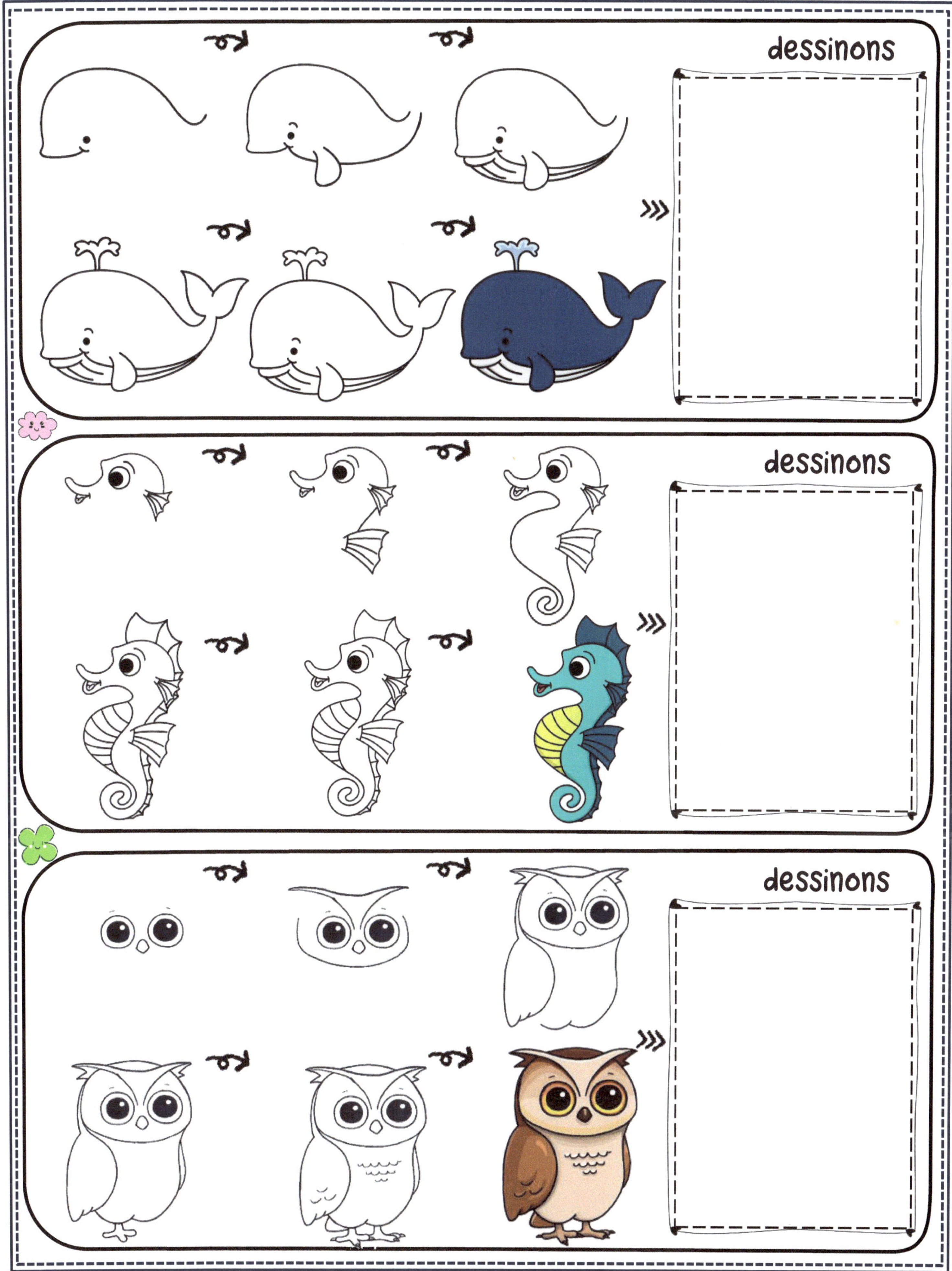
dessinons
dessinons
dessinons

dessinons
dessinons
dessinons

dessinons
dessinons
dessinons

dessinons
dessinons
dessinons

dessinons
dessinons
dessinons

dessinons
dessinons
dessinons

dessinons
dessinons
dessinons

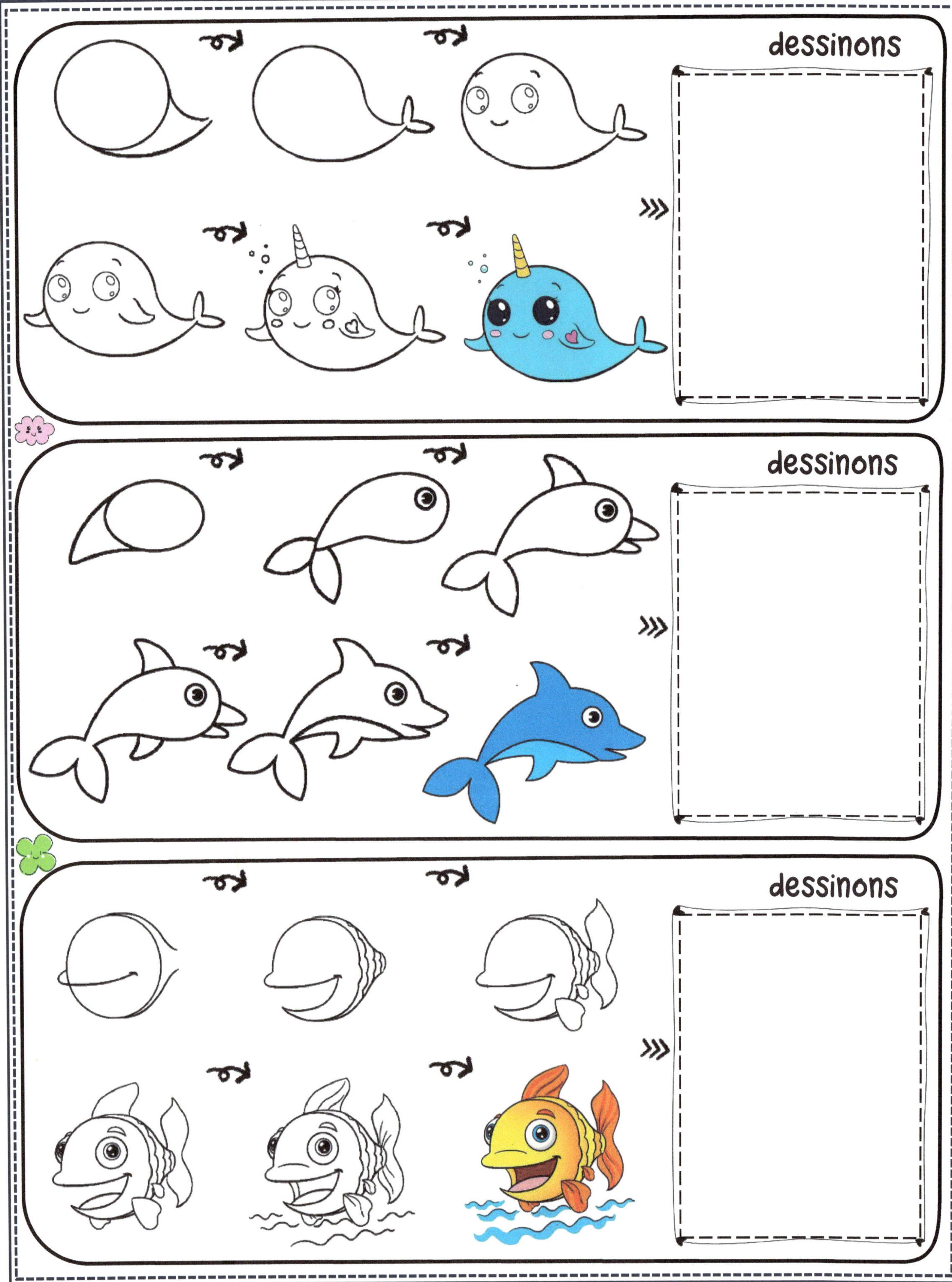

dessinons
dessinons
dessinons

dessinons
dessinons
dessinons

dessinons
dessinons
dessinons

dessinons

dessinons

dessinons

dessinons
dessinons
dessinons

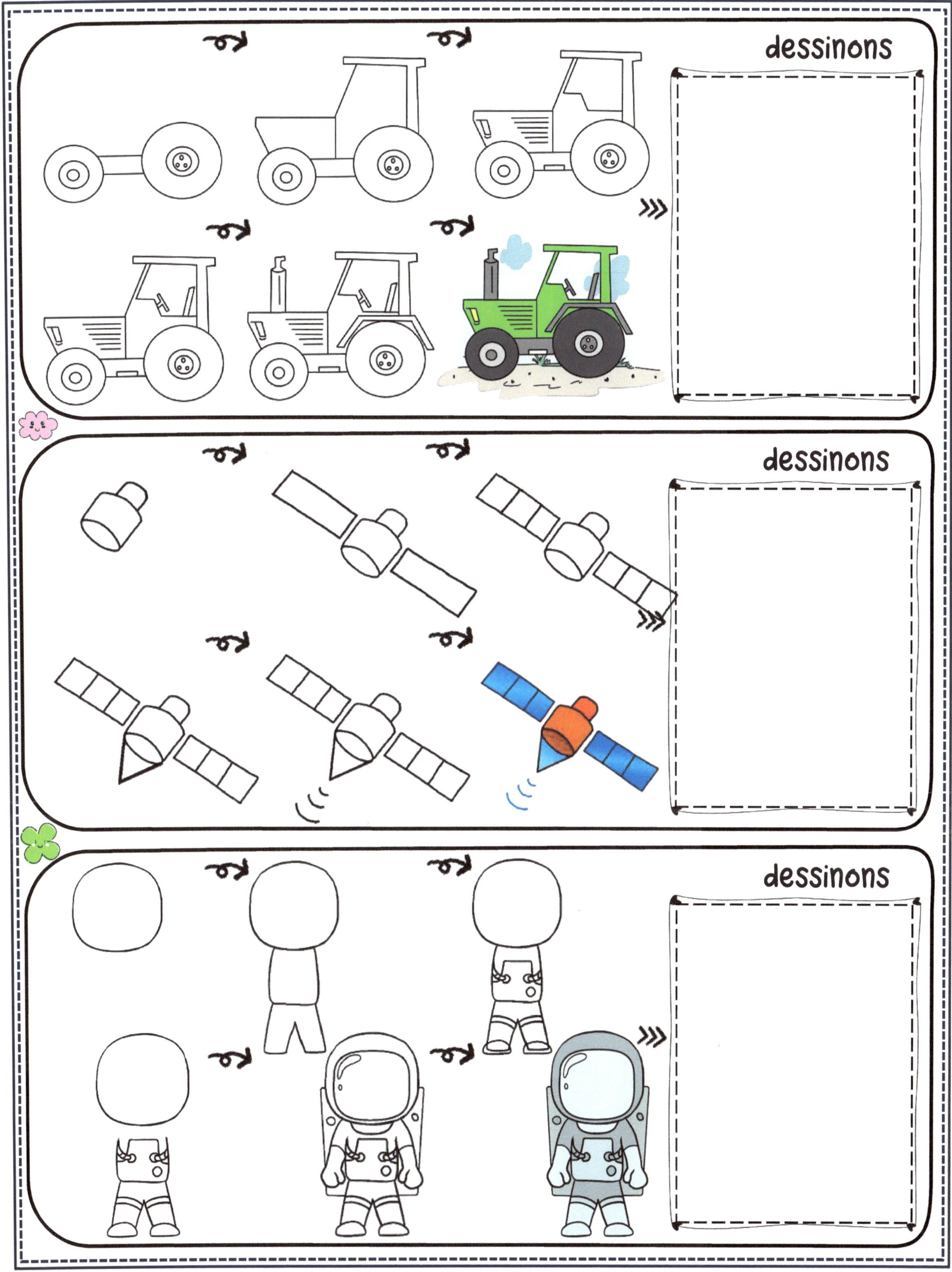

dessinons
dessinons
dessinons

dessinons
dessinons
dessinons

dessinons
dessinons

Merci pour le plaisir de dessiner!
Merci de vous lancer dans ce voyage créatif avec nous !
Votre enthousiasme pour l'art est inspirant. Votre soutien
compte beaucoup pour nous !

Dites-nous ce que vous pensez sur Amazon :
Avez-vous apprécié le livre ? Vos commentaires sur
Amazon signifieraient beaucoup pour nous. Partagez vos
réflexions dans une critique - aidez d'autres jeunes
artistes à découvrir les joies du dessin !

www.ingramcontent.com/pod-product-compliance
Lightning Source LLC
Chambersburg PA
CBHW040052240726
48664CB00004B/1164

9798325738432